話す力　聞く力　がぐんぐん育つ

発表の時間

① もっと伝わるスピーチ

ワークシートは
こちらから！

Gakken

https://gakken-ep.jp/extra/happyotime/

1巻 もくじ

はじめに　　　　　　… 4 ページ

この本の使い方　　　… 5 ページ

第1章　元気よく自己紹介しよう　　　　　… 6 ページ

その1　声のトーンを意識しよう　　　　　… 7 ページ

その2　身ぶりや表情で聞き手を引きつける　… 8 ページ

その3　緊張しないためには？　　　　　　… 9 ページ

その4　自己紹介で何を話す？　　　　　… 10 ページ

発表の時間　はじめまして！　ぼくの名前は…　… 12 ページ

デジタルで伝えよう

デジタルツールを活用しよう　　　　　… 14 ページ

第2章　夏休みの思い出を楽しく伝えよう… 16 ページ

その1　話の組み立てを考えよう　　　　… 17 ページ

その2　「いちばん伝えたいこと」を決めよう　… 18 ページ

その3　発表の原稿を作ろう　　　　　　… 20 ページ

発表の時間　この夏一番の思い出は…　　　… 22 ページ

デジタルで伝えよう

インターネットを使って調べよう　　　… 24 ページ

第3章 観察結果をまとめて発表しよう …26 ページ

その1　どんな方法で発表する？ …27 ページ

その2　わかりやすい資料を作ろう …28 ページ

その3　資料を見せながら発表するには？ …30 ページ

発表の時間　ミニトマトを観察したら… …32 ページ

デジタルで伝えよう

プレゼンテーションソフトを活用しよう …34 ページ

第4章 発表のしかたいろいろ …36 ページ

その1　ブックトークをしよう …38 ページ

発表の時間　ぼくのおすすめの本は… …40 ページ

その2　ワークショップで「かるた遊び」 …42 ページ

発表の時間　かるた遊びをやってみよう！ …44 ページ

その3　プレゼンテーション　調査編！
　　　　〜まちの課題を見つけよう〜 …46 ページ

その4　プレゼンテーション　提案編！
　　　　〜解決方法を提案しよう〜 …48 ページ

発表の時間　ぼくたちの提案は… …50 ページ

おまけ　コピーして使えるワークシート …52 ページ

3

はじめに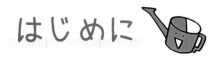

「発表」とはなんでしょうか?

　この本では、「自分の考えを伝えること」を発表と考えて、いろいろな発表の仕方を紹介しています。

　1巻では、たくさんの人の前で、自分の考えや伝えたいことを話す場面、2巻では、自分の考えを伝えながら、相手の考えも引き出す、対話の場面を取り上げました。

　自分の考えをきちんとまとめ、わかりやすく話す力、また、相手の考えをよく聞いて、正しく理解する力は、大人になってからも役に立つ、とても大切な力です。この「話す力」と「聞く力」を身につけていれば、周りの人とコミュニケーションを取りながら、新しい考えを生み出すこともできるのです。

みなさんは、「発表」は得意ですか?

　緊張してうまく話せなかったり、相手の考えがうまくつかめなかったりすることもありますよね。この本にも、発表の苦手な3人の友だちが登場します。3人とも、発表には自信がない様子…。

　でもそれは、発表のコツを知らないだけです。ほんの少しの工夫と練習で、見違えるほど上手に発表できるようになります。3人といっしょに発表のコツをひとつひとつ学んで、「話す力」と「聞く力」の花を咲かせましょう!

この本の使い方

この本には、「準備の時間」のページとワークシートのページ、
「発表の時間」と「聞く時間」のページがあります。

「準備の時間」では、上手な
発表をするために、どのよ
うに準備をしたらいいかを
説明しています。発表のコ
ツもたくさん紹介している
ので、本番の前にじっくり
読んでおきましょう。

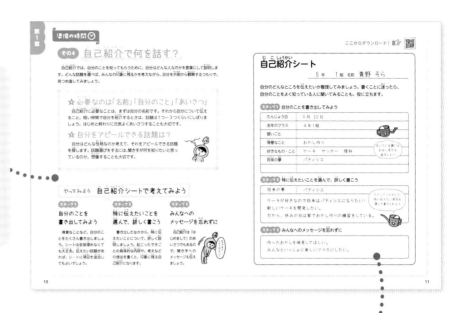

右ページは、発表の準備に使えるワーク
シートの記入例です。右上のQRコードか
ら、白紙のワークシートのダウンロードペー
ジにアクセスできます。巻末には、コピー
して使えるワークシートがあります。

「発表の時間」では、上手な発表の例を紹介
しています。どのように発表しているか、聞
き手になったつもりで読んでみてください。
発表本番で気をつけたいポイントも説明して
いるので、チェックしておきましょう。

「聞く時間」では、発表
の聞き手として気をつ
けたいポイントを紹介
しています。話し手と
聞き手とが力を合わせ
て、よりよい発表の時
間を作りましょう。

元気よく 自己紹介 しよう

自分の意見や調べたことを発表するときは、誰でも緊張してしまうものです。
まずは、自己紹介を通して、みんなに聞いてもらえる話し方のコツをつかみましょう。
自己紹介は、自分のいいところや好きなことを知ってもらうチャンスです。

あしたはいよいよ新学期！
でもなんだかうかない顔だね。
新しいクラスでじょうずに自己紹介できるか、
不安でいっぱいみたい。どうしたら、みんなの
印象に残る自己紹介ができるのかな？

その1 声のトーンを意識しよう

声のトーンとは、声の大きさや高さのことです。小さくて低い声でボソボソと話すと、聞き手に伝わりにくくなってしまいます。少し高めのトーンで話すことを意識すると、聞き取りやすい声になります。明るい声で一語一語をはっきりと話すようにしましょう。

☆ 口を大きく開けておなかから声を出す

口を大きく開け、はっきりと声を出します。息を大きく吸っておなかをふくらませ、おなかの空気を使って声を出すイメージを持ちましょう。

☆ いつものおしゃべりよりも「ゆったり」話す

みんなに話すときは、いつものおしゃべりよりも「ゆったり」を心がけましょう。早口にならないよう、一語一語をしっかり発声します。

☆ 姿勢も声もまっすぐに

まっすぐ立って、前を見て声を出しましょう。下を見ると、声が遠くに届きません。手は、おへその辺りなど、自分が楽だと思う位置になるようにします。

やってみよう おなかから声を出すには?

おなかから声を出すと、さけばなくても遠くまで声が通りやすくなります。その練習方法を紹介しましょう。

まずは、床にあお向けになります。リラックスして肩の力を抜き、肩甲骨が床につくようにします。片手はおなかの上に置きます。鼻から息を吸い込み、体の奥のほうから息を出すイメージで「あー」と声を出してみてください。そのときにおなかが張るのが手のひらに伝わったら、おなかから声が出ています。

起き上がって同じようにやってみましょう。あお向けで声を出したときのおなかやノドの感覚を思い出して、やってみてください。

その2 身ぶりや表情で聞き手を引きつける

　友達や家族とのふだんの会話では、返事やあいづちで聞き手の反応がわかります。ところが、多くの人に向かって話しかけるときは一方通行になるため、聞いてもらうための工夫が大切です。話の内容が伝わるように話すには、どうすればいいのでしょうか。

☆ 身ぶり手ぶりでイメージを伝える

　手でものの大きさを表すなど、話の内容に合う動作を加えると、聞き手にイメージが伝わりやすくなります。手は、胸よりも上の位置で、大きくゆっくり動かすのがコツです。

☆ 表情豊かに伝える

　口の両端をぐっと上げて、笑顔で明るく話すのがスピーチの基本ですが、例えば真剣さを伝えたいときなどは、少し真面目な表情にするなど、工夫してみましょう。自分で「大げさかな」と思うくらいにすると感情がより伝わります。

☆ 聞き手の表情を見て

　聞き手の表情を確認しながら話すようにしましょう。ひとりの顔だけを見るのではなく、視線を移して、聞いているみんなの顔を見るようにします。

やってみよう　どんな身ぶりや表情で伝えようかな？

手で大きさや数を
伝える

オススメが
3つあります！

話の内容に関わる
動作をする

みなさんは
どう思いますか？

そのときの気持ちに
合う表情で

道にまよって
こまってしまい
ました

その3 緊張しないためには？

　発表本番はどうしても緊張してしまいがち。でも緊張しすぎると、声がうまく出なくなったり、話す内容を忘れてしまったりします。本番までにリハーサルをしておいて、ほどよい緊張感で発表できるようにしましょう。

☆ 深呼吸してリラックス

　発表の前には、ふうっと息をはいてリラックスしましょう。他に、自分がほっとできる「ルーティン」を作って実践するのも、よい方法です。

☆ 本番のつもりでリハーサル

　時間内に話せるか、スピーチの時間を計ったり、足りない資料がないか確かめたりしながら、何度もリハーサルしましょう。友達に聞いてもらうと、聞き手の反応を確かめることができます。

やってみよう　自分だけの「ルーティン」を作ろう

　「ルーティン」は「私は大丈夫！」と自分を信じるスイッチのようなもの。スポーツ選手や芸能人でも、ここぞという場面で、自分なりのルーティンをすることも多いようです。「よし！」とやる気になれるルーティンを考えてみましょう。

緊張を解くルーティンには、こんなのがあるよ。
・ゆっくりと深呼吸をする
・ストレッチをする
・薬指をもむ
・お守りを持つ
・鏡に向かって笑顔を作る

準備の時間 ⏱

その4　自己紹介で何を話す？

自己紹介では、自分のことを知ってもらうために、自分はどんな人なのかを言葉にして説明します。どんな話題を選べば、みんなの印象に残るかを考えながら、自分を外側から観察するつもりで、見つめ直してみましょう。

☆ 必要なのは「名前」「自分のこと」「あいさつ」

自己紹介に必要なことは、まずは自分の名前です。それから自分について伝えること。短い時間で自分を紹介するときは、話題は1つ〜3つくらいにしぼりましょう。はじめと終わりに元気よくあいさつすることも大切です。

☆ 自分をアピールできる話題は？

自分はどんな性格なのか考えて、それをアピールできる話題を探します。話題選びをするには、聞き手が何を知りたいと思っているのか、想像することも大切です。

やってみよう　自己紹介シートで考えてみよう

ステップ1
自分のことを書き出してみよう

得意なことなど、自分のことをたくさん書き出しましょう。シートは全部埋めなくても大丈夫。伝えたい話題があれば、シートに項目を追加してもよいでしょう。

ステップ2
特に伝えたいことを選んで、詳しく書こう

書き出したなかから、特に伝えたいことについて、詳しく説明しましょう。起こったできごとの具体的な内容や、考えなどの理由を書くと、印象に残る自己紹介になります。

ステップ3
みんなへのメッセージを忘れずに

自己紹介は「はじめまして」のあいさつでもあるので、聞き手へのメッセージも伝えましょう。

なかよくしてください！

自己紹介シート
じ こ しょうかい

5 年　　1 組　名前　青野 そら

自分のどんなところを伝えたいか整理してみましょう。書くことに迷ったら、
自分のことをよく知っている人に聞いてみることも、役に立ちます。

ステップ1 自分のことを書き出してみよう

たんじょう日	9 月　20 日
去年のクラス	4 年 1 組
習いごと	
得意なこと	おかし作り
好きなもの・こと	ケーキ　サッカー　理科
将来の夢	パティシエ

> 空いている欄には
> 自由に項目を
> 追加しよう

ステップ2 特に伝えたいことを選んで、詳しく書こう

将来の夢	パティシエ

ケーキが好きなので将来はパティシエになりたい！
新しいケーキを開発したい。
だから、休みの日は家でおかし作りの練習をしている。

> ステップ1の中から、
> 特に伝えたい項目を
> 選んで書き入れよう

ステップ3 みんなへのメッセージを忘れずに

作ったおかしを味見してほしい。
みんなといっしょに楽しいクラスにしたい。

11

発表の時間

はじめまして！

ぼくの名前は…

はじめまして。青野そらです。去年は4年1組でした。

ぼくはケーキが大好きです。食べるのも好きですが、実は作るのも好きです。なので、将来はパティシエになって、新しいケーキを開発したいと思っています。休みの日はよくおかしを作ります。みなさん、よかったらうちに遊びに来て、ぼくの作ったおかしの味見をしてください。

これから一年間、みなさんと楽しく過ごしたいと思います。よろしくお願いします！

聞きじょうずになろう

　人が発言しているあいだは、おしゃべりせず静かに聞くのが基本です。でも話し手に気持ちよく話してもらうには、もうひと工夫必要です。ここでは、聞く側のポイントを紹介します。

3つのポイント

❶ 話す人の目を見て聞こう
❷ うなずいたり、笑ったりして、話し手の言葉に反応を示そう
❸ 終わったら拍手をしよう

　まずは話す人の目を見て聞きましょう。また、話し手の話に共感できるところでうなずいたり、おもしろい話には笑ったりして、話をちゃんと聞いていることを、話し手に知らせるのも大切。発表が終わったら拍手をして、素敵な発表だったことを伝えましょう。

楽しそうに聞いてもらえると、
もっともっと話したくなるよね！

口を大きく開けて、笑顔でハキハキと話そう

「パティシエになりたい」ことを伝えるだけでなく、「ケーキが好きだから」という理由も一緒に伝える

最後のメッセージは、みんなの顔を見て元気に！

で伝えよう

デジタルツールを活用しよう

資料作りにも、コミュニケーションにも便利

　デジタルツールを使って資料を作れば、書き間違えたときに一から書き直さなくても、間違えた箇所だけを簡単に直すことができます。また、離れたところにいる人と同時に作業することもできます。

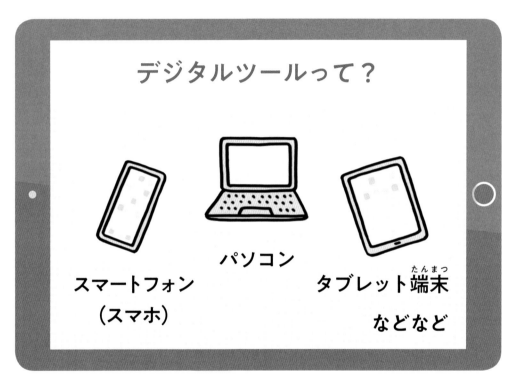

デジタルツールって？

スマートフォン
（スマホ）

パソコン

タブレット端末

などなど

軽くて持ち運びがしやすい
タブレット・スマホ

　画面にタッチして操作します。文字の入力モードを「フリック入力」にすると、例えば「か」の文字盤に指を置いたとき、周りに「き」「く」「け」「こ」の文字が現れ、指を上下左右に素早く動かすことで文字が入力できます。慣れると速く文字が打てて便利です。

大きなデータでもラクラクの
パソコン

　机に置いたままで使うデスクトップ型と、折りたたんで持ち運べるノート型があります。操作にはキーボードやマウス、タッチパッドを使います。たくさんの文字を入力するときや、大きなデータを扱うときに便利です。

発表に使えるアプリがたくさん

　パソコン、タブレット、スマホには、発表内容をまとめたり、発表の練習をしたりするのに便利なさまざまなアプリ（アプリケーション・ソフトウェア）があります。アプリをじょうずに活用して、よりよい発表を目指しましょう。

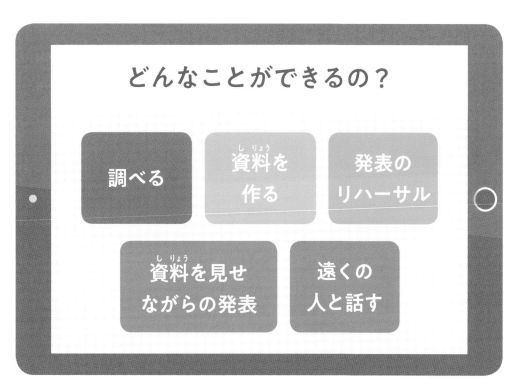

こんなときはこのアプリ！

調べる	インターネットで検索し、ウェブサイトを見るアプリ
資料を作る	写真や文章を好きなデザインにまとめるアプリ
発表のリハーサル	練習動画を撮影し、自分でチェックできるカメラアプリ
資料を見せながらの発表	みんなに資料を見せながら発表できるプレゼンテーションソフト
遠くの人と話す	離れたところにいてもグループで会話できるアプリ

夏休みの思い出を楽しく伝えよう

緊張しながら自己紹介をした1学期も終わり、2学期がはじまりました。
桃井さんのクラスでは、みんなで夏休みの思い出を発表し合うことになりました。
夏休みの楽しさをみんなに伝えるには、どんな発表をするといいでしょう?

あらら、せっかくの夏休みの
楽しい思い出も、
このままだとみんなに
あまり伝わらないかも…。
どうすれば、みんなに伝わる
発表になるかな?

その1 話の組み立てを考えよう

　発表やスピーチをするとき、相手に興味を持って聞いてもらうためには、伝えたいことをはっきりさせて、短くまとめることが大事です。そうすることで、相手の記憶に残る話になります。そのためにも、あらかじめ話の組み立てを考えておきましょう。

☆ 話の組み立ては「はじめ→なか→終わり」

はじめ まずは、これから何の話をするのかをおおまかに話します。

> 例 「夏休みに海水浴に行ったときの話をします。」

なか 次に、具体的な話の内容を説明します。印象に残るエピソードや、思ったことなどを加えましょう。

> 例 「お父さんが泳ぎ方を教えてくれました。」

終わり 最後に、この発表で言いたかったことをまとめて、伝えたいことを強調します。

> 例 「泳げるようになったことが私のこの夏一番の思い出です。」

やってみよう　サンドイッチ方式で組み立てよう

　「サンドイッチ方式」とは、スピーチの「はじめ」と「終わり」で、2回伝えたいことを言う話し方のことです。

　この「サンドイッチ方式」で話を組み立てると、話の内容をすっきりまとめることができ、相手に伝わりやすい発表になります。

　「はじめ」では、自分の伝えたいことを、「なか」では、伝えたいことに関わるエピソードを、「終わり」では、改めて自分が伝えたかったことを言います。

その2 「いちばん伝えたいこと」を決めよう

発表やスピーチでは、「いちばん伝えたいこと」は何かを決めることが大事です。そのために、まずは印象に残ったできごとや思ったこと、感じたことを思いつくままに並べて、そこから選んでみましょう。

☆ 何について話すかを決める

今回は「夏休みの思い出」の中から、どんなことを話すかを考えます。「友達とキャンプに行った」「家族で海水浴に行った」など、印象に残ったできごとを並べて、その中から選びましょう。

☆ 聞き手が興味を持つのはどんな話？

話すテーマを決めたら、そのテーマで「いちばん伝えたいこと」は何かを考えます。聞き手が興味を持ってくれるのはどんなことかを意識するのがポイントです。

やってみよう 箇条書きで整理してみよう

ステップ1

思いつくことを書き出してみる

話すテーマが決まったら、そのテーマに沿って、話したいことを書き出します。思ったこと、感じたことなど、思いのままに書き出してみましょう。

ステップ2

流れに沿って、順番に並べる

書き出した中から、話に入れたいことを選んで、話したい順番に並べます。できごとが起こった順や、理由と結果の順などの並べ方があります。

ステップ3

「いちばん伝えたいこと」に印をつける

ある程度、話したいことや順番が決まったら、その中で「いちばん伝えたいこと」に印をつけます。発表本番ではここを特に強調するようにします。

箇条書きシート

5 年　2 組 名前 桃井 こころ

みんなにどんなことを伝えたいか、箇条書きで書き出してみましょう。たくさん書き出したら、特に話したいことに印をつけながら、話す順番を考えましょう。

話すテーマ	・友だちとスイカ割りをした ・家族で海水浴へ行った ・自転車で遠くへ出かけた ・かき氷でおなかを壊した ・カブトムシの観察をした
話したいこと	1 ・あまり行きたくなかった 2 ・泳げないから 　　→ カナヅチ 🌀 ・でも泳げるようになった ◉ とってもうれしかった ・めずらしい貝を拾った ・暑かった！ ・お父さんが泳ぎを教えてくれた 3 → お父さんは水泳が得意 　 → 世界大会に出た 　 → 大学のころ ・お兄ちゃんが応えんしてくれた ◉ 沖まで泳いだ ・日焼けしちゃった 　 → 背中が痛い

数字は話す順番、
はなまるは特に話したいこと、
×印は発表のときは
話さないことの印だよ

準備の時間 ⏱

その3 発表の原稿を作ろう

話したいテーマ、話す順番、いちばん伝えたいことが決まったら、発表用の原稿を作りましょう。いきなりうまく話すのは難しいことです。原稿をもとに、声に出して何度も練習することが、上手に話せるようになる第一歩です。

☆ 聞き手のことを考えて話を組み立てる

「はじめ」でどんな表現をすれば聞き手が興味を持つか、「終わり」でどんなふうに話を終えると聞き手が感動するか、などを考えながら話を組み立てましょう。

☆ 効果的な表現を考える

たとえ（比喩）や、「けれども」「だから」などの接続語、言葉づかいなど、表現を意識しましょう。音読してみて、話しやすいかどうかも確かめましょう。

☆ 発表時間に合わせてまとめる

伝えたいことがたくさんあっても、発表の時間は決まっています。時間内に収まるようにまとめましょう。

やってみよう **原稿を書いてみよう**

ステップ1
箇条書きを文章にする

前のページでは、「話したいこと」を箇条書きシートに書き出しました。その内容をもとに文章を組み立てましょう。接続語や言葉づかいにも注意します。

ステップ2
声に出して読んでみる

声に出して読んで、読みにくいところや、伝わりにくいところがないかチェックします。友達と一緒に練習して、アドバイスし合ってみましょう。

ステップ3
よりよい原稿に

原稿は、用紙の使い方などを気にせず上から書き直したり、欄外に書き込んだりして、よりよくしましょう。最後に清書してもよいでしょう。

発表原稿

5 年　　2 組　名前　桃井 こころ

「箇条書きシート」に書き出したことを、文章に組み立てましょう。
書けたら読み直して、順番を入れ替えたり、言葉を変えたりして工夫しましょう。

~~私は、これから夏休みの思い出についてのお話をします。~~

みなさんは、夏休みにどこかへ行きましたか？　私は、家族で海水浴に行きました。そこで、とてもうれしいできごとがあったのです。

実は、家族の中で、私だけがまったく泳げませんでした。だから、本当は海に行きたくなかったのです。

~~泳げない~~そんな私に、お父さんが泳ぎ方を教えてくれました。

お父さんは大学生のころ、水泳の選手だったのです。~~とても泳ぐのがはやく、世界大会にも出たことがありました。そして、~~だから、教え方もじょうずで、私もだんだんと泳げるようになっていきました。~~お兄ちゃんが応えんしてくれて、沖まで泳ぎました。~~

~~目焼けして、背中が痛くなりましたが、~~泳げるようになったことが、この夏一番のうれしいできごとでした。

何度も読み直して、わかりやすい原稿になるように工夫しよう！

発表の時間 🕐

この夏一番の思い出は…

　みなさんは、夏休みにどこかへ行きましたか？　私は、家族で海水浴に行きました。そこで、とてもうれしいできごとがあったのです。

　実は、家族の中で、私だけがまったく泳げませんでした。だから、本当は海に行きたくなかったのです。

　そんな私に、お父さんが泳ぎ方を教えてくれました。お父さんは大学生のころ、水泳の選手だったのです。だから、教え方もじょうずで、私もだんだんと泳げるようになっていきました。

　泳げるようになったことが、この夏一番のうれしいできごとでした。

メモメモ

聞く時間

メモをとろう

発表を聞きながら、気になったことや心に残ったことなどをメモしましょう。話し手に質問をしたり、感想を話したりするときにも、メモがあると役立ちます。

3つのポイント

❶ 短い言葉や記号を使ってササッと書く
❷ わからなかったところには印をつけておいて、あとで質問する
❸ 聞き終わったらメモを見直し、覚えているうちに書き足す

原稿は手元に用意してもいいけれど、原稿ばかり見ないように気をつけようね！

はじめ	「とてもうれしいことがあった」と伝えたいことをおおまかに話す
なか	「本当は海に行きたくなかった」「お父さんは水泳の選手」など、感じたこと、思ったことや、具体的なエピソードを説明する
終わり	泳げるようになったことが「この夏一番のうれしいできごと」だと、最後にもう一度まとめる

デジタルで伝えよう

インターネットを使って調べよう

知りたい情報がすぐに探せる

　検索サイトなどを使えば、手軽に調べものをすることができます。検索サイトは、自分の知りたいことに関わる言葉（キーワード）を入力すると、その言葉に関係のある情報をインターネットを通じて探してくれます。

インターネットって？

・知りたい情報がすぐに探せる

・世界中をつないでいる

・自由に表現する
　ことができる

世界中をつなぐネットワーク

　インターネットは、世界中のコンピューターをつないでいるネットワークです。文字や画像などで表されたデータをやりとりするための情報の通り道のようなものです。もちろんスマホからもつながることができます。

自分のことを発信できる

　インターネットを通じて、いろいろなことを知るだけでなく、自分のことを知ってもらうこともできます。自由に表現して、世界中の人とコミュニケーションをとれる場でもあるのです。ただし、マナーやルールをしっかり守ることが条件です。

自分や友だちの情報を守る

　名前や住んでいるところなど、自分や周りの人の情報をブログやSNS（ソーシャルネットワーキングサービス）に書き込んではいけません。インターネット上に流れ出た情報が、勝手に他人に使われたり、それがもとで犯罪に巻き込まれたりすることもあるからです。自分や友だちが写った写真も、アップロードするのはとても危険です。

３つの注意点

- 自分や周りの人の情報を気軽に書き込まない
- むやみにダウンロードしない
- 信用できる情報か必ず確認

コンピューターウイルスに注意！

　インターネット上のファイルには、コンピューターウイルスが隠されていることがあります。ウイルスが含まれるファイルをダウンロードすると、パソコンやスマホが感染して、大切な情報をうばわれることもあります。メールにウイルスが隠されていることもあるので、知らない人からのメールは開いてはいけません。

危険なウェブサイトはブロック！

　ウェブサイトの中には、有害なものもあります。うっかりそんなサイトに入ってしまわないように、フィルタリング機能を活用しましょう。フィルタリングとは、危険なサイトをブロックする機能のことです。危険な目にあう前に、おうちの人や先生に相談して、設定しておきましょう。

観察結果をまとめて発表しよう

自分で何かひとつのテーマを選び、観察した結果をまとめて発表することになりました。
観察方法や、その結果わかったことをみんなに向かって説明するときには、
写真やグラフをまとめた資料が強い味方になります。

言葉だけの発表では、
聞いている人が退屈してしまうかも。
資料をじょうずに見せると、耳にだけではなく
目にも訴えることができるから、
わかりやすく印象に残る発表になるよ。

その1　どんな方法で発表する？

　発表する内容やねらい、聞き手、場所などによって、さまざまな発表方法があります。教室にいるクラスのみんなに対して、観察したことを発表する場合、どんな方法がふさわしいでしょうか。

☆ 模造紙にまとめて全体を見せる

　模造紙などの紙を用意して、写真などを貼り込み、それを説明する文章をそえます。発表全体をひと目で見せられますが、多くの要素を入れられないという弱点もあります。

☆ プレゼンソフトでテンポよく見せる

　パソコンやタブレットで作った資料を、スクリーンに映して見せながら発表します。アニメーションで動きを入れたり、効果音を入れたりすることができます。（▶ 34 ～ 35 ページ）順番に資料を変えていくので、同時に複数の資料を見せにくい場合もあります。

やってみよう　目的に合わせて資料を選ぼう

実物を見せたいなら写真や動画

　植物の観察結果を伝えるときや、学校や町の施設を紹介するときなどにおすすめです。

パッと見てわかるイラストや図

　言葉だけでは説明しにくい町探検でたどった道などを、イラストにしてみるのも効果的です。

グラフや表で具体的に

　数値の変化や差を具体的に示すときは、グラフにするとわかりやすくなります。

その2 わかりやすい資料を作ろう

どんな資料で発表するか決まったら、実際に資料を作ってみましょう。資料だけですべてを説明しようとするのではなく、発表の時間に話す内容の助けになるよう工夫しましょう。

☆ 文字や写真は大きく！

発表に使う資料は、何が言いたいかがひと目でわかることが大事です。文字・写真・イラストは、大きくはっきり見えるようにしましょう。

☆ 色や線でメリハリをつけよう

特に注目してもらいたいところは、文字の色を変えたり、線を引いたりすると効果的です。ただし、色が多すぎると、かえって見にくくなるので注意しましょう。

☆ 写真やグラフを使おう

資料は、聞く人の理解を助けたり、内容を裏づけたりするのに役立ちます。図や表、グラフなどを取り入れて、わかりやすくまとめましょう。

やってみよう　レイアウトを決めよう

レイアウトとは、ポスターや新聞などの紙面に、文字や写真などを配置することです。どの要素をいちばん大きくするか、イラストはどの順番で載せるかなどをはじめに決めてから、作りはじめるのがポイントです。

例えば、新聞でまとめる場合、右のようにスペースを分け、「見出し」「記事」「写真や図など」を配置する方法があります。

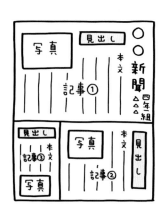

ミニトマト の観察

5 年　3 組　名前　緑川 わかば

このテーマを選んだ理由

　ミニトマトが大好きで、よく食べるけれど、畑では見たことがなかった。どんなふうにミニトマトの実がなっているのか知りたいと思った。

観察の方法

　プランターに苗を植えて、実がなるまで育てた。
　毎日写真をとって、観察ノートに気がついたことを記録した。

観察の結果

6 週目

・黄色い小さな花がさいた。
・花は、細いくきの両側に並んでさいた。

7 週目

・太いくきに近いほうから実ができた。
・しおれた花びらが、実の先にくっついていることがあった。

9 週目

・太いくきに近いほうから実が赤くなっていった。
・花と同じように、細いくきの両側に実がなった。

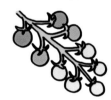

わかったこと

　花びらと「がく」の間に実ができた。
　花が、くきの両側に並んでさいたので、実も同じように並んでなっていた。

まとめ・感想

　ミニトマトは、細いくきの両側に花がさいて、その花と「がく」の間に実がなる。
　太いくきから順番に赤くなっていって、きれいだった。
　ミニトマトの「へた」は花の「がく」だったことに、とてもおどろいた。

準備の時間 ⏱

その3 資料を見せながら発表するには?

作った資料を効果的に見せて、よりわかりやすい発表になるよう工夫しましょう。資料に聞き手を引きつけ、発表の内容を理解してもらうには、3つのコツがあります。

☆ 聞き手の見やすい位置に資料を配置する

広い教室の場合は、少し高めの位置にすると、後ろの人にも見えやすくなります。「後ろの人、見えますか?」と声をかけて、確認してみるのもよい方法です。

☆「ここを見てください!」と注意をうながす

せっかく資料を用意しても、注目してもらえなければ効果がありません。資料に関係する話題のタイミングで、資料の位置を指し示しましょう。

☆ 資料を見ながら発表しない!

話し手は基本的には資料ではなく、聞き手のほうを向いて話しましょう。発表の内容を忘れてしまいそうなときは、原稿を用意して、手もとで確認しながら話すようにします。

やってみよう　発表用の「シナリオ」を作ろう

発表の原稿を用意するなら、話す内容を書き出すだけではなく、資料を出すタイミングなどの手順を書き込むとよいでしょう。劇のシナリオ(台本)のように、セリフと動きを書き込みます。

次のページは、緑川くんの発表用シナリオです。左の列には、発表原稿を、右の列は、原稿に合わせた動きを書き込んでいます。発表のリハーサルをしながら作ってもよいでしょう。

タイミングよく
資料を見せられるよう
練習しよう!

発表用シナリオ

5 年　　3 組　名前　緑川 わかば

発表原稿	動き
これから、ミニトマトの実のつき方の観察の結果を発表します。	みんなのほうを向いて元気に。
この写真を見てください。 6週目に、1本の細いくきに黄色い小さな花がさきました。花は、細いくきの両側にならんでさきました。 その1週間後、太いくきに近いほうから実ができました。しおれた花びらが、実の先にくっついていることがありました。 さらに次の2週間後には、太いくきに近いほうから赤くなっていきました。この写真のように、細いくきの両側になっていました。	6週目の写真から、順番に指していく。  発表原稿の中の、「動き」に関わる部分に印をつけておくと、見失わないね。
ミニトマトは、1本の細いくきの両側にならぶように実がなります。はじめは太いくきに近いほうが赤くなって、先のほうに向かって順番に赤くなりました。 さらに実をよく見ると、緑のかんむりのような「へた」がついているのがわかります。これは、花の根もとにあった、「がく」というものです。ミニトマトは、花びらと、「がく」の間に実ができているのです。だから、実が小さいときは、しおれた花びらが実の先にくっついていたのです。	実の写真の「へた」を指してから、花の写真を指す。
太いくきから順番に赤くなっていって、きれいでした。ミニトマトの「へた」は、花の「がく」だったことには、とてもおどろきました。	
これで、ぼくの発表は終わりです。何か質問がある人はいますか？	みんなのほうを向いて投げかける。

ミニトマトを
観察したら…

これから、ミニトマトの実のつき方の観察の結果を発表します。

この写真を見てください。**＜写真を指す＞**

……ミニトマトは、1本の細いくきの両側に並ぶように実がなります。はじめは太いくきに近いほうが赤くなって、先のほうに向かって順番に赤くなりました。

さらに、実をよく見てください。**＜実の写真を指す＞**

緑のかんむりのようなものがついているのがわかります。

これは、花の根もとにあった、「がく」というものです。ミニトマトは、花びらと、「がく」の間に実ができているのです。だから、実が小さいときは、しおれた花びらが実の先にくっついていたのです。……

……これで、ぼくの発表は終わりです。何か質問がある人はいますか？

資料の写真、イラスト、文字はみんなに見えるよう大きくする

資料を見てほしいときは、注目を集めるひと言をそえる

どんな形になっていたか、実際の写真を見せる

どんどん質問しよう

発表を聞いて、もっと知りたいと思ったり、わからなかったりしたことを質問してみましょう。質問は「関心を持って話を聞いていたよ」というメッセージでもあります。話し手にとっては、自分とは違う角度からの見方を知ることができ、考えを深めるきっかけにもなります。

聞き手、話し手のどちらにとっても気持ちのよい質問タイムにするためのコツを紹介します。

3つのポイント

❶ 質問の前にひと言、前向きな言葉をそえる。「私も〇〇に興味を持ちました。□□についても知りたいのですが」など

❷ 答えやすい質問を考える。「はい」「いいえ」で答えられる質問は答えやすい

❸ 質問に答えてもらったら、「よくわかりました。ありがとうございます」と伝えよう

話し手は、その場で答えられない質問を受けたら「今すぐは答えられないのですが、調べてみます」と伝えよう！ メモしておいて、発表後に調べて伝えるのを忘れずに！

デジタルで伝えよう

プレゼンテーションソフトを活用しよう

プレゼンテーションソフトって？

プレゼンテーションソフトとは、発表のときに見せる資料を作るソフトウェア（アプリ）です。作った資料を大きなスクリーンに映して見せたり、一人ひとりの手元にあるタブレットで共有したりすることができます。

紙 vs プレゼンソフト

紙	プレゼンソフト
・全体を一度に見せられる ・当日の準備が簡単	・テンポのよい、動きのある発表ができる ・資料の手直しも簡単

動きのある資料で聞き手を引きつける！

発表しながら、画面をどんどん切り替えていけば、テンポよく伝えることができます。また、画面の中の文字や画像を動かしたり、大きくしたりすることもできます。工夫次第で、聞き手を引きつけることができるのです。

資料の手直しも簡単

プレゼンテーションソフトでは、文字の手直しや、スライドの順番の入れ替えが簡単にできます。発表の内容や時間に合わせて資料を改善して、聞き手にわかりやすい発表を目指しましょう。

いちばん大事なことだけをまとめる

　プレゼンテーションソフトで資料を作るときは、入れる情報をなるべく絞るのがコツです。文字や画像をたくさん入れるより、いちばん大事なことだけをまとめるほうが、ずっと見やすくなります。くわしい説明は、発表のときに言葉で補うようにしましょう。

文字も写真も
グラフも大きく

　遠くの席の人にもよく見えるように、文字や図表は大きく配置しましょう。教室などの大きなスクリーンに映したときに、どれくらいの大きさに見えるか、発表のリハーサルをするときに確認しておきましょう。

「ここを見てください」は
ポインターで指し示す

　発表のときは、話している箇所をポインターで指し示すとわかりやすくなります。指し棒を使って指してもよいのですが、レーザーポインターを使えば、手や指し棒では届かない箇所も指し示すことができます。教室を暗くしてプロジェクターを使うときでも、レーザーポインターの光は目立つので便利です。

発表のしかたいろいろ

発表の基本を身につけたら、いろいろな場面に応用できます。
発表方法が変わっても、声の出し方、原稿の作り方、資料の使い方の基本は同じです。

いろいろな発表の
しかたを紹介するよ。
テーマに合わせて、
どんな発表のしかたがいいか
考えてみるのも楽しいね。

ブックトーク ▶ 38ページ〜

テーマに合った物事をひとつ選び、それについて話す、ショー・アンド・テルという発表のしかたがあります。ショーは見せる（show）、テルは話す（tell）という意味の英語です。例えば「私の宝物」というテーマであれば、自分の宝物やその写真を見せて説明し、聞き手の質問に答えます。

ショー・アンド・テルのひとつに、ブックトークがあります。テーマに合う本を選び、本の魅力を紹介するものです。聞き手を「読んでみたいな」という気持ちにさせることができれば大成功！

ワークショップ ▶ 42 ページ 〜

　聞き手に実際に体験してもらう形の発表です。話を聞いてもらうだけでなく、参加してもらうことで、理解を深めます。

　楽器などに触れてもらうワークショップや、スポーツを体験するワークショップ、折り紙などの作品を作る、ものづくりワークショップなどがあります。はじめての人でも楽しめて、体験を通して面白さが伝わるテーマにぴったりです。

　楽しい体験を提供できるかどうかが、話し手の腕の見せどころです。

プレゼンテーション ▶ 46 ページ 〜

　自分の意見を伝え、聞き手の心を動かすのがプレゼンテーションです。自分の言いたいことを伝えて終わるのではなく、さらに一歩進んで、聞き手に行動してもらうことを目指します。

　聞き手を説得するための材料を集め、資料を用意し、表現を工夫して、話し手の提案に聞き手を「のせる」よう導きます。

その1 ブックトークをしよう

ブックトークとは、テーマに沿った本を紹介することです。好きな本を1冊選んで、どんなところが心に残ったのか、なぜみんなにすすめたいのかを伝えましょう。

☆ 図書室や書店でテーマにぴったりの本を探す

図書室や書店の本棚は、本の内容ごとに分類されています。自分の探しているテーマに合う本がどこにあるかわからないときは、図書室の先生や書店員さんに聞いてみるのもよい方法です。

☆ おすすめポイントを考える

その本を読んで感動したところや心を動かされた理由を、具体的に考えます。

☆ 結末はナイショにする

聞き手にもその本を読んでもらうために、内容を全部は話さず、「続きは読んでのお楽しみ」にしておく方法もあります。特に、びっくりするような結末がある本は、ネタバレ厳禁です。

やってみよう　紹介のしかたを考えよう

おすすめポイントによって、紹介のしかたは異なるはずです。「どんなふうに紹介すれば読みたくなるか?」を考えながら、原稿を工夫しましょう。

内容や話の展開がおもしろい!
…あらすじや要点を抜き出してどうおもしろいかを説明する
登場人物が魅力的!
…魅力を感じたエピソードを紹介する
作者に興味を持った!
…どんな人物かや、ほかにどんな作品があるかを紹介する

ここからダウンロード！

ブックトーク　ワークシート

5 年　　1 組　名前　青野 そら

ワークシートを使って、本の内容を整理してみましょう。

テーマ　自主学習に役立つ本	
本の説明	**タイトル** 『ざんねんな偉人伝』
	作者　真山 知幸
	登場人物　いろいろな偉人。エジソン、坂本龍馬、ベートーヴェンなど。
	あらすじ エジソンや坂本龍馬など、教科書にのっているような人たちの、 ちょっとざんねんなエピソードがたくさんしょうかいされている。
おすすめポイント	**読んでどんな気持ちになったか** しっかり者だと思っていた人にも、実はざんねんなところがあって とてもびっくりした。
	心に残ったところ 坂本龍馬は、新選組におそわれたとき、こいびとのおりょうを置いてに げてしまったというところ。
	どうして心に残ったのか 坂本龍馬は、強くてかっこいい人だと思っていたので、自分だけにげて しまったなんて、イメージとちがうなと思ったから。
	その他（みんなに伝えたいこと） 偉人たちの説明も書かれているので、自主学習にも役立つ。

発表の時間

ぼくのおすすめ
の本は…

ぼくがみなさんに読んでみてほしいのはこの本です。**＜本を見せる＞**
『ざんねんな偉人伝』という本です。
　この本のタイトルを聞いて、どう思いますか？「偉人っていうのは偉い
人のことなのに、ざんねんってどういうこと？」と思うかもしれません。
ぼくもこの本を見つけたときはそう思いました。実は、教科書にのってい
るような偉人たちにも、ちょっと「ざんねんな」ところがあるのです。こ
の本ではそんな偉人たちのくすっと笑えるエピソードをたくさん紹介して
います。また、笑えるエピソード以外にも、偉人たちの詳しい説明ものっ
ていて、自主学習にも役立ちます。みなさんもぜひ読んでみてください！

違う意見に出合ったら

発表を聞いていると「自分の考えとは違うな」と思うときもあるでしょう。だからといって、話し手の意見が間違っていることにはなりません。一人ひとり、考え方が違って当然だからです。ただし、事実を誤って伝えていないかどうかは、注意して聞きましょう。

3つのポイント

❶ 事実と意見を分けて考えよう
❷ 自分と違う意見に出合ったときは、「なぜそう思ったのかな？」という視点を持とう
❸ 新しいものの見方を増やすことができると、前向きにとらえよう

本のページを開いて、
イラストを見せたり、
お気に入りの表現を
朗読したりしても
いいね！

本を出して見せたら、次に話し始めるまで少し間を置く。時間を取ることで、みんなが本に注目できる

問いかけをすることで、聞き手を話に引き込むことができる

自分も聞き手と同じ気持ちだったと伝えると、聞き手の側に立つことになり、共感を得られやすい

準備の時間 ⏱

その2 ワークショップで「かるた遊び」

ワークショップでの実際（じっさい）の体験（たいけん）により、そのワークの楽しさや難（むずか）しさを実感してもらうことができます。ここでは、昔の遊びを下級生に紹介（しょうかい）する場面を取り上げます。

☆ 楽しんでもらえるワークを考える

まず、テーマ（昔の遊び）について調べ、どんなワークができるか、案（あん）を出します。今回は、「おはじき」「缶（かん）けり」「かるた遊び」などの案のうち、教室の中でできて、大人数で楽しめる「かるた遊び」を選（えら）びました。

☆ ワークの前にする説明（せつめい）を決める

参加（さんか）した人がそのワークを通して「なるほど！」と思えるように、言葉で説明（せつめい）することも必要（ひつよう）です。今回は、最初（さいしょ）に「かるた遊び」の起源（きげん）や歴史（れきし）を紹介（しょうかい）し、次に遊び方とルールを説明（せつめい）してから、実際（じっさい）に遊んでもらうことにします。

☆ 役割分担（やくわりぶんたん）を決める

「かるた遊び」の場合、ルールを説明（せつめい）する人、参（さん）加者（かしゃ）の手伝（てつだ）いをする人、読み札（ふだ）を読む人などを分担（ぶんたん）します。

やってみよう ロールプレイで練習しよう！

発表者役（さんかしゃ）と参加者役に分かれてそれぞれの役を演（えん）じてみるロールプレイをし、当日に向けて練習（れんしゅう）しましょう。参加者（さんかしゃ）の動きを想像（そうぞう）して、スムーズに進行できるかを確認（かくにん）します。

ワークショップ　ワークシート

5 年　　2 組　名前　桃井　こころ

役割分担や、当日に話すことを決めて、ワークショップの準備をしましょう。

テーマ　昔の遊び　かるた

メンバー　桃井　こころ　　梅田　かな

役割分担

桃井…はじめの説明・かるたの読み手

梅田…かるたのルール説明・参加者のお手伝い

準備するもの

かるた・レジャーシート

かるたしょうかいポスター・遊び方しょうかいポスター

ワークの流れ

かるたの説明

↓

かるたの遊び方の説明

↓

かるたで遊ぶ

当日をイメージして
おおまかな
流れを決めておこう！

はじめにする説明

「かるた」という言葉は、もともとはポルトガル語で、500 年くらい前に伝わった。

ワークのやり方

読み手が読み札を読んで、参加者はそれに合う絵札を取る。

いちばん多くの絵札を取った人の勝ち。

43

発表の時間

かるた遊びを やってみよう！

これから、「かるた遊び」の説明をします。「かるた」という言葉は、もともとはポルトガル語で、500年くらい前に日本に伝わった言葉だそうです。

「かるた」にはいろいろな遊び方がありますが、今回は、たくさんの絵札を取った人が勝ち、というルールで遊びましょう。私が「読み札」を読むので、それに合う絵が描かれている絵札をなるべく早く取ってください。最後にいちばん多くの絵札を持っている人が勝ちです。

読み札を読んでいる途中でも、絵札を取っていいんですか？

はい、いいです。絵札には、読み札の1文字目が書いてあるので、読まれたらすぐ取るのも、勝つコツです。

ワークショップは参加者が主役！
参加者が楽しんでくれているか、
反応をよく見るのが大切だよ

聞く時間

参加型の発表を楽しもう

　話を聞いているだけではピンとこないことも、体験することで理解が深まります。ワークショップでは、参加者と発表者のあいだのやり取りから、新たな気づきや学びが生まれます。積極的に参加して楽しみましょう。

3つのポイント

❶ 難しく考えず、楽しむ気持ちを大切にしよう

❷ わからないことがあったら発表者に気軽に声をかけよう

❸ 参加者どうしでも感想を伝え合うなどして、仲を深めよう

その3 プレゼンテーション 調査編！
～まちの課題を見つけよう～

「まちの課題」を見つけて、解決方法をプレゼンテーションすることになりました。説得力のあるプレゼンテーションをするには、どんな準備が必要でしょうか。

☆ 本やインターネット、自分の足を使って調べる

説得力のある提案をするために、たくさんの情報を集めましょう。本やインターネットで調べるだけではなく、資料館に行ったり、インタビューをしたりすることも役立ちます。

☆ 課題をあぶり出そう

調査で気づいたことを整理して、どんなところに課題がありそうか考えます。

☆ 解決方法を考える

自分ならどうしたいか、どんなことをしたら役に立てるか、まずは身近なことから考えてみるとよいでしょう。

やってみよう 調べて考えて、深めよう

調べたことから課題を考えたら、それについてさらに詳しく調べてみましょう。例えば「お年寄りが多い」ことに着目したら、まちの人口のなかでお年寄りの割合を調べたり、実際にお年寄りに会って話を聞いたりして、考えを深めましょう。

調べる

話し合う

プレゼンテーション 調査編 ワークシート

5 年　3 組　名前　緑川 わかば

調べたことを整理して、課題と解決方法を考えましょう。

ステップ1 調べたことを整理しよう

調べた日	9月　20日　（水）
調べた方法	コンピューター室でまちのホームページを見た。

気づいたこと・感じたこと

・交通安全ポスターをぼ集していた。
・お年寄りへ、あやしい電話への注意を呼びかけていた。

調べた日	9月　27日　（水）
調べた方法	まちの役所に行って話を聞いた。

気づいたこと・感じたこと

・役所の入り口にスロープがあった。
・ひとり暮らしのお年寄りが増えていると言っていた。

1回目と2回目で、別の角度から調べてもいいし、1回目で疑問に思ったことをさらにくわしく調べてもいいね

ステップ2 課題がありそうなところはどこかな？

まちにはひとり暮らしのお年寄りがたくさん住んでいるので、ちょっとした手助けがほしいときなどに困っている人が多いのではないか。

ステップ3 課題の解決方法を考えてみよう

・困っているお年寄りがいたら声をかける。
・学校にお年寄りを招待して、仲よくなれば、困ったときに
　お年寄りが相談できるようになる。

その4 プレゼンテーション 提案編！
～解決方法を提案しよう～

調査結果から課題を絞り込み、提案する解決方法を決めたら、プレゼンテーションの練習を始めましょう。どんなふうに発表したら、みんなの心を動かせるかを考えます。

☆「調べたこと」→「見つけた課題」→「私たちの提案」の順で話す

まずは「調べたこと」をみんなに伝えます。それから、「見つけた課題」につなげます。「調べたこと」と「見つけた課題」が具体的であるほど、「私たちの提案」が聞き手に受け入れられやすくなります。

☆説得力のある資料を作ろう

「調べたこと」を伝えるために必要な資料を準備します。グラフで示したり、いろいろな例を写真に撮って紹介したりしましょう。

☆「できそうだ」と思ってもらう！

提案を受け入れてもらうには、「それならできそう！」と思ってもらうことが必要です。聞き手の疑問などを事前に予想し、解決方法を考えておきましょう。

やってみよう　クイズにしてみよう

聞き手に興味を持って自分で考えてもらうために、クイズを取り入れてみましょう。提案をより身近に感じてもらうことができます。

プレゼンテーション 提案編 ワークシート

5 年　3 組　名前　緑川 わかば

見つけた課題と解決方法をみんなに伝えるための準備をしましょう。

調べてわかったこと

・まちには、ひとり暮らしのお年寄りがたくさん住んでいる。

・まちのお年寄りは、ぼくたちの登下校の安全を見守ってくれている。

ここでは短くまとめておいて、後で原稿にまとめなおしてもいいね

見つけた課題

ひとり暮らしだと、ちょっとした手伝いが必要なときなどに、
周りに人がいなくて困ることがあるそうだ。

「調べてわかったこと」と「見つけた課題」、「私たちの提案」がスムーズにつながっているかな？

私たちの提案

お年寄りが安心して暮らせるまちにしたい！
学校にお年寄りを招待する日を作る。
仲よくなれば、困ったときにお年寄りが相談できるようになる。

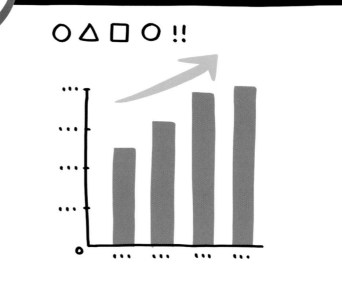

　ぼくたちは、このまちの課題（かだい）は、「ひとり暮らしのお年寄り（としよ）が多いこと」だと考えました。

　このグラフは、まちの役所に行って調べた、ぼくたちのまちにひとりで住んでいるお年寄り（としよ）の数です。だんだんと増え（ふ）ていることがわかります。これからは、もっともっとひとり暮らし（ぐ）のお年寄り（としよ）が増え（ふ）ていくと考えられます。

　もし、ひとり暮らし（ぐ）で体が弱ってしまったときに、近くに誰（だれ）も頼る（たよ）人がいないと、どんな気持ちになるでしょうか。電話を使えば誰（だれ）かに連絡（れんらく）することはできても、ちょっとした手助けがほしいときにすぐ来てもらうことはできません。

どんな発表だったか伝えよう

　みんなの発表を聞いていると、それぞれの「よい点」「もっとよくなりそうな点」が見えてきます。発表を聞いてどう感じたか、振り返ってみましょう。特にプレゼンテーションでは、提案されたことに賛成か、反対か、考えることが必要です。なぜ賛成できるのか、また反対だと思った理由は何かも、発表者に伝えましょう。

3つのポイント

❶ 「資料が見やすくて言いたいことがよくわかった」など、具体的に、どこがどうよかったのかを伝えよう

❷ 「ここを変えればもっとよくなる」という視点も持とう

❸ 改善できる点を自分の発表に生かそう

調べたことをもとに、
みんなの心を動かす
　　提案をしよう！

　そこで、ぼくたちは、ひとり暮らしのお年寄りを、ぼくたちの小学校に招待する日を作ってはどうかと考えました。そうすることで、知り合いになって、困ったときにすぐ相談できるようになったらいいと思ったからです。ぼくたちにとっても、安全を見守ってくれるお年寄りがいてくれることは、とてもよいことだと思います。近所のお年寄りと仲よくなれる行事を作ることを提案します！

自己紹介シート

年　　　組　名前 _____

自分のどんなところを伝えたいか整理してみましょう。書くことに迷ったら、自分のことをよく知っている人に聞いてみることも、役に立ちます。

ステップ1 自分のことを書き出してみよう

たんじょう日	
去年のクラス	
習いごと	
得意なこと	
好きなもの・こと	
将来の夢	

ステップ2 特に伝えたいことを選んで、詳しく書こう

ステップ3 みんなへのメッセージを忘れずに

箇条書きシート

年　　　組　名前 ＿＿＿＿＿＿＿＿＿＿＿＿＿＿＿＿

みんなにどんなことを伝えたいか、箇条書きで書き出してみましょう。たくさん書き出したら、特に話したいことに印をつけながら、話す順番を考えましょう。

話すテーマ	
話したいこと	

＿＿＿＿＿＿＿＿の観察

年　　　組　名前＿＿＿＿＿＿＿＿＿＿

このテーマを選んだ理由

観察の方法

観察の結果

わかったこと

まとめ・感想

発表用シナリオ

年　　　組　名前 _____

発表原稿 [げんこう]	動き

NDC 809　言語生活

話す力・聞く力がぐんぐん育つ
発表の時間 全2巻
①もっと伝わるスピーチ

学研プラス 2021　56P　28.5cm
ISBN 978-4-05-501340-6　C8337

【装丁・本文デザイン】
岩瀬 恭子（株式会社フレーズ）

【表紙・本文イラスト】
伊藤 美樹

【執筆】
澤野 誠人（株式会社ワード）
神保 りょう子（株式会社ワード）

【編集協力】
高木 直子
田中 裕子

【企画編集】
小林 彩
徳永 智哉

話す力・聞く力がぐんぐん育つ
発表の時間
①もっと伝わるスピーチ

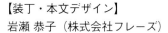

2021年2月23日　第1刷発行

発行人　　川畑 勝

編集人　　志村 俊幸

編集長　　小椋 恵梨

編集担当　小林 彩、徳永 智哉

発行所　　株式会社　学研プラス
　　　　　〒141-8415
　　　　　東京都品川区西五反田2-11-8

印刷所　　凸版印刷株式会社

DTP　　　株式会社四国写研

〈この本に関する各種お問い合わせ先〉

● 本の内容については、下記サイトのお問い合わせフォームよりお願いします。
　https://gakken-plus.co.jp/contact/

● 在庫については
　Tel　03-6431-1197（販売部）

● 不良品（落丁、乱丁）については
　Tel　0570-000577
　学研業務センター
　〒354-0045　埼玉県入間郡三芳町上富279-1

● 上記以外のお問い合わせは
　Tel　0570-056-710（学研グループ総合案内）

学研の書籍・雑誌についての新刊情報・詳細情報は下記をご覧ください。
学研出版サイト　https://hon.gakken.jp/

本書で紹介したワークシートは
下のURLからもダウンロードできます。

https://gakken-ep.jp/extra/happyotime/

※ダウンロードサービスは、当社の判断により予告なく変更・終了する場合がございます。